Das Licht, das Schatten leert

»Ich danke all meinen Freunden für ihre Unterstützung und fürs Mutmachen. Ebenso danke ich der Berthold Leibinger Stiftung, Gottfried Gusenbauer vom Artist-in-Residence-Programm Krems sowie David und Claudio von der Edition Moderne für die Förderung dieses Buches und meiner Arbeit.«
Tina Brenneisen

Mascha Kaléko, »Memento«
in: *Verse für Zeitgenossen.*
Erstveröffentlichung:
Rowohlt Verlag, Hamburg 1956
© 2015 dtv Verlagsgesellschaft, München

ISBN: 978-3-03731-192-9
© 2019 Verlag bbb
Edition Moderne AG

Edition Moderne
Eglistrasse 8
CH–8004 Zürich
www.editionmoderne.ch

Lektorat: Heike Drescher
Handlettering: Michael Hau
Praktikum: Fridtjof Kirste
Herstellung: Angelika Siebenländer
Gestaltung: Claudio Barandun
und Julia Marti
Druck: Balto print, Vlinius, Litauen

Für die finanzielle Unterstützung danken wir dem Edition Moderne Fanclub:
Christoph Asper, Gaby Basler-Bolle, Michael Bischof, Thomas Eppinger, Beat Fankhauser, Jürgen Grashorn, Christian Greger, Wenzel Haller, Beatrice Hauri & Werner Beck, Reto Hochstrasser, Hans-Joachim Hoeft, Stephan König, Claude Lengyel, Marius Leutenegger, Leif Lindtner, Julia Marti & Diego Bontognali, Torsten Meinicke, Juan Ortega, Sara Plutino, Christian Schmidt-Neumann, Sequential Art Rostock, SKDZ Schule für Kunst und Design Zürich, Hartwig Thomas, René Zigerlig.

Der Verlag bbb Edition Moderne wird vom Bundesamt für Kultur mit einem Strukturbeitrag für die Jahre 2016–2020 unterstützt.

Tina Brenneisen

Das Licht, das Schatten leert

Edition Moderne

Kapitel 1

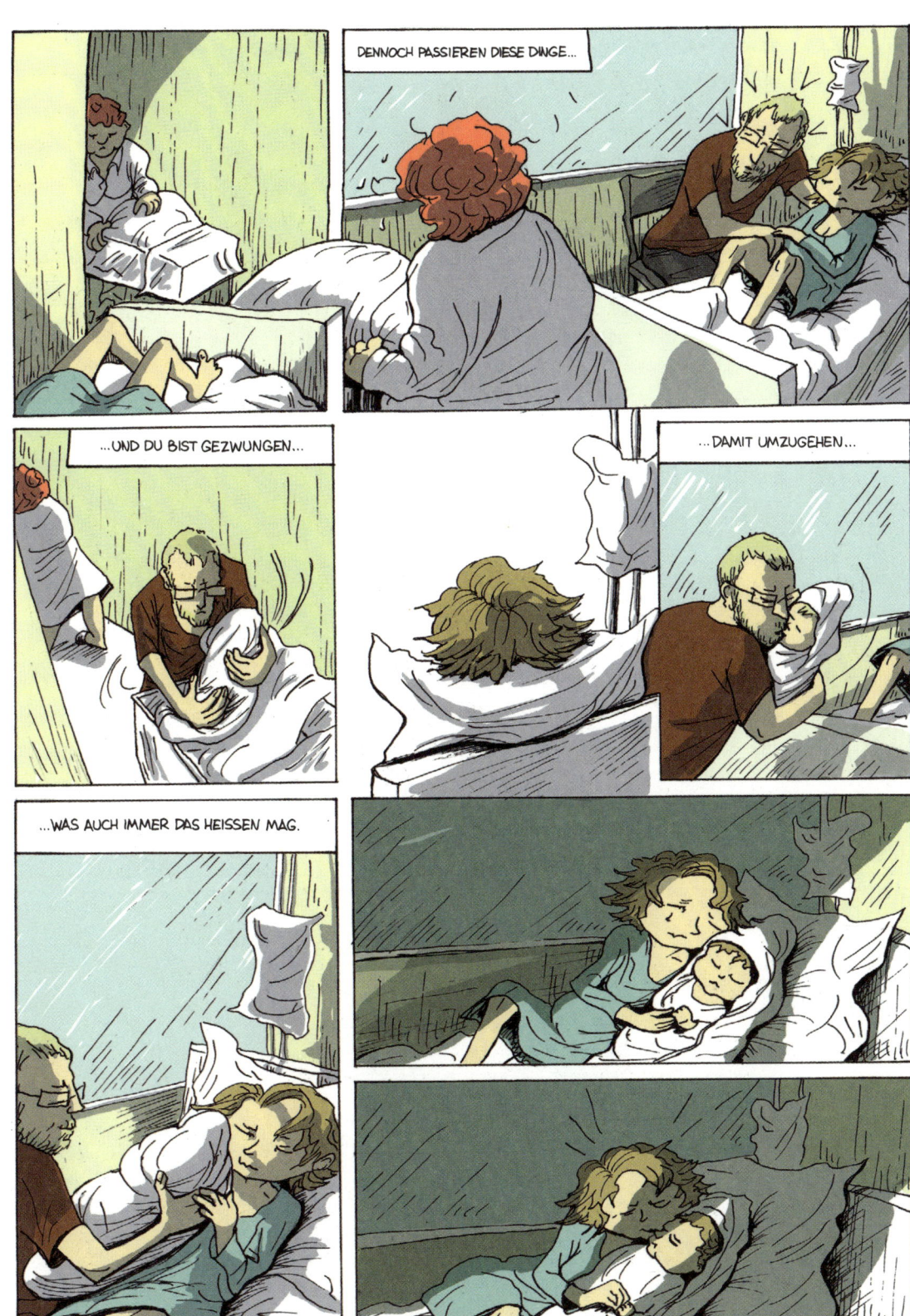

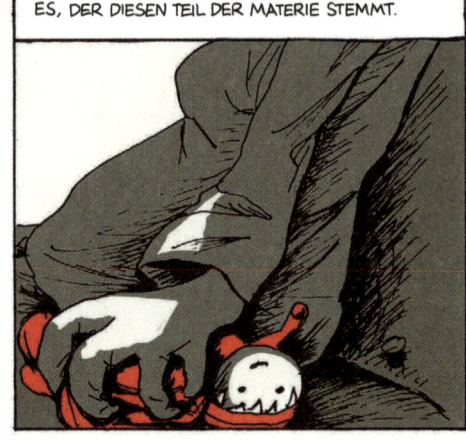

ALS WIR ZU HAUSE ANKOMMEN, NUR DIE SPORTTASCHE BEI UNS, ZIEHEN WIR DIE VORHÄNGE ZU UND LEGEN UNS INS BETT. DIE MEISTEN BABYSACHEN HAT FRITZEMANN BEREITS IN KISTEN VERSTAUT UND UNTERS BETT GESCHOBEN.

VON NUN AN DIMMEN WIR UNSERE STIMMEN, GANZ SO, ALS HÄTTEN WIR ANGST, ES KÖNNTE NOCH MEHR ZU BRUCH GEHEN, WENN WIR WEITER IN NORMALER LAUTSTÄRKE MITEINANDER SPRÄCHEN. UNSER NEUES LEBEN SCHÜCHTERT UNS EIN.

WIR MÜSSEN NOCH UNSERE LASSE-TATTOOS ERNEUERN!

JA, MÜSSEN WIR.

SCHON IN DER KLINIK HATTEN WIR DIESES RITUAL MEHRMALS TÄGLICH AUSGEFÜHRT.

ZEITWEISE HATTEN DIE SCHWESTERN KEINE VENEN MEHR FINDEN KÖNNEN...

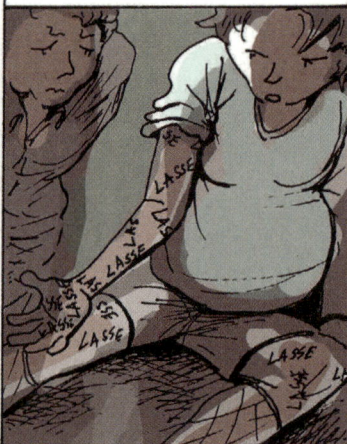

...SO VOLLGESCHRIEBEN WAREN MEINE ARME UND BEINE MIT DEM NAMEN UNSERES SOHNES.

ES DAUERT EIN PAAR TAGE, BIS ICH DEN BAUCH WIEDER BERÜHREN KANN.

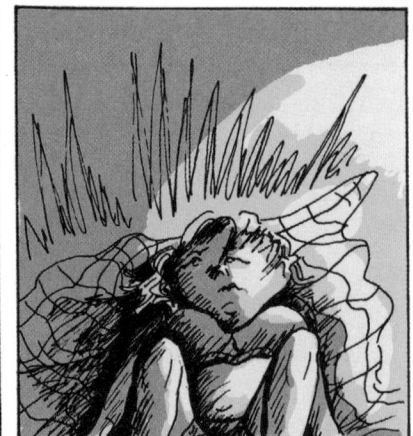

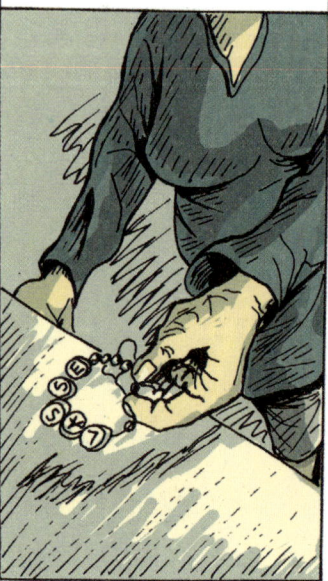

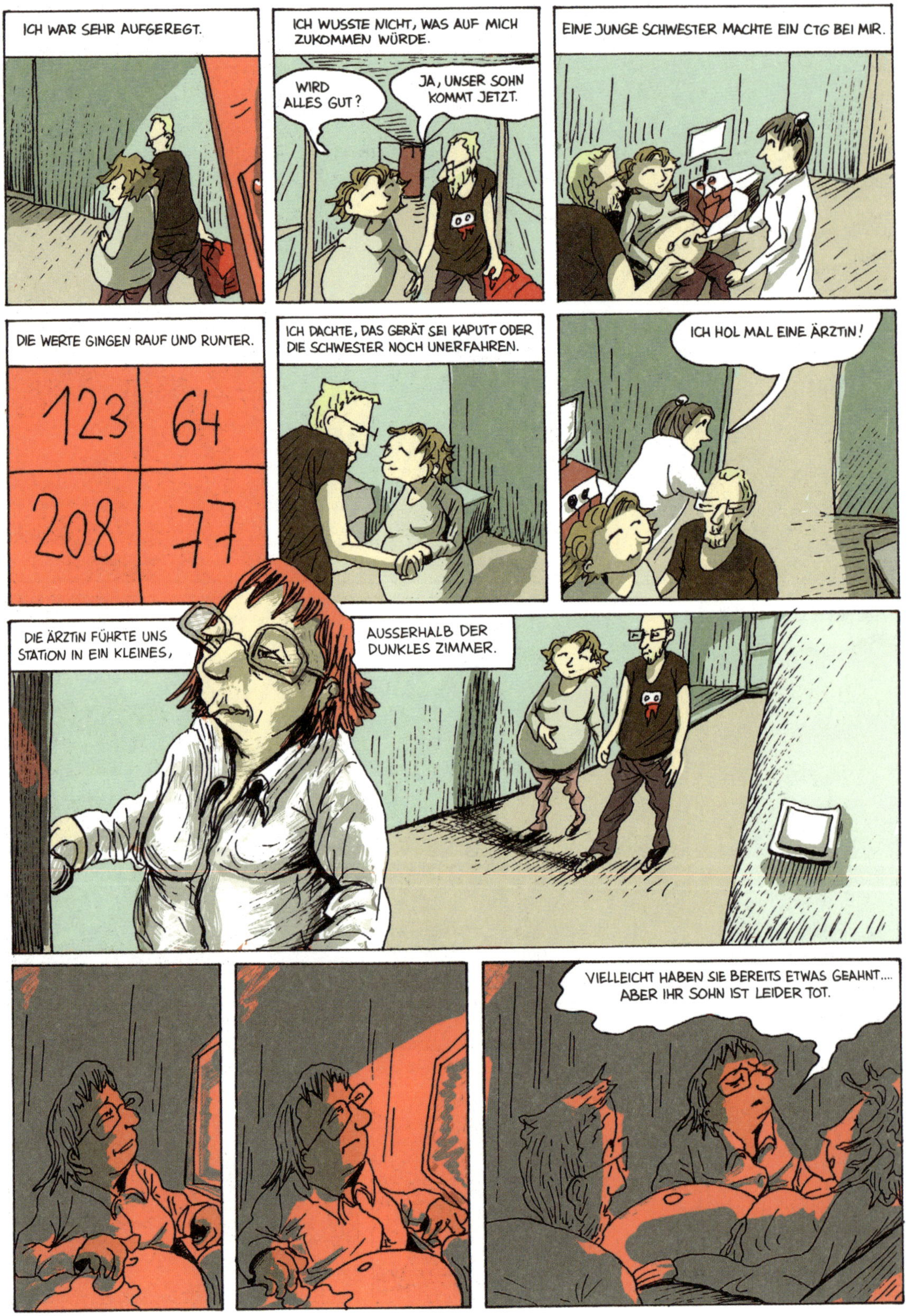

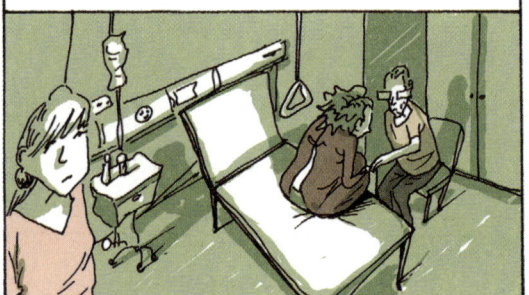

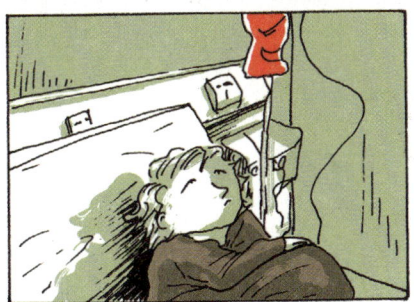

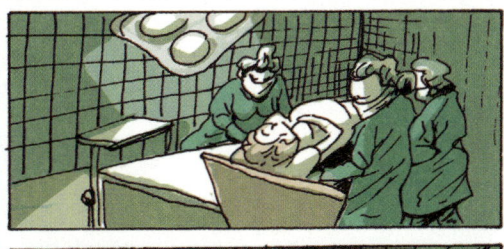
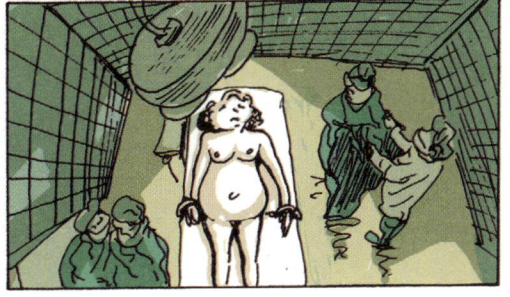

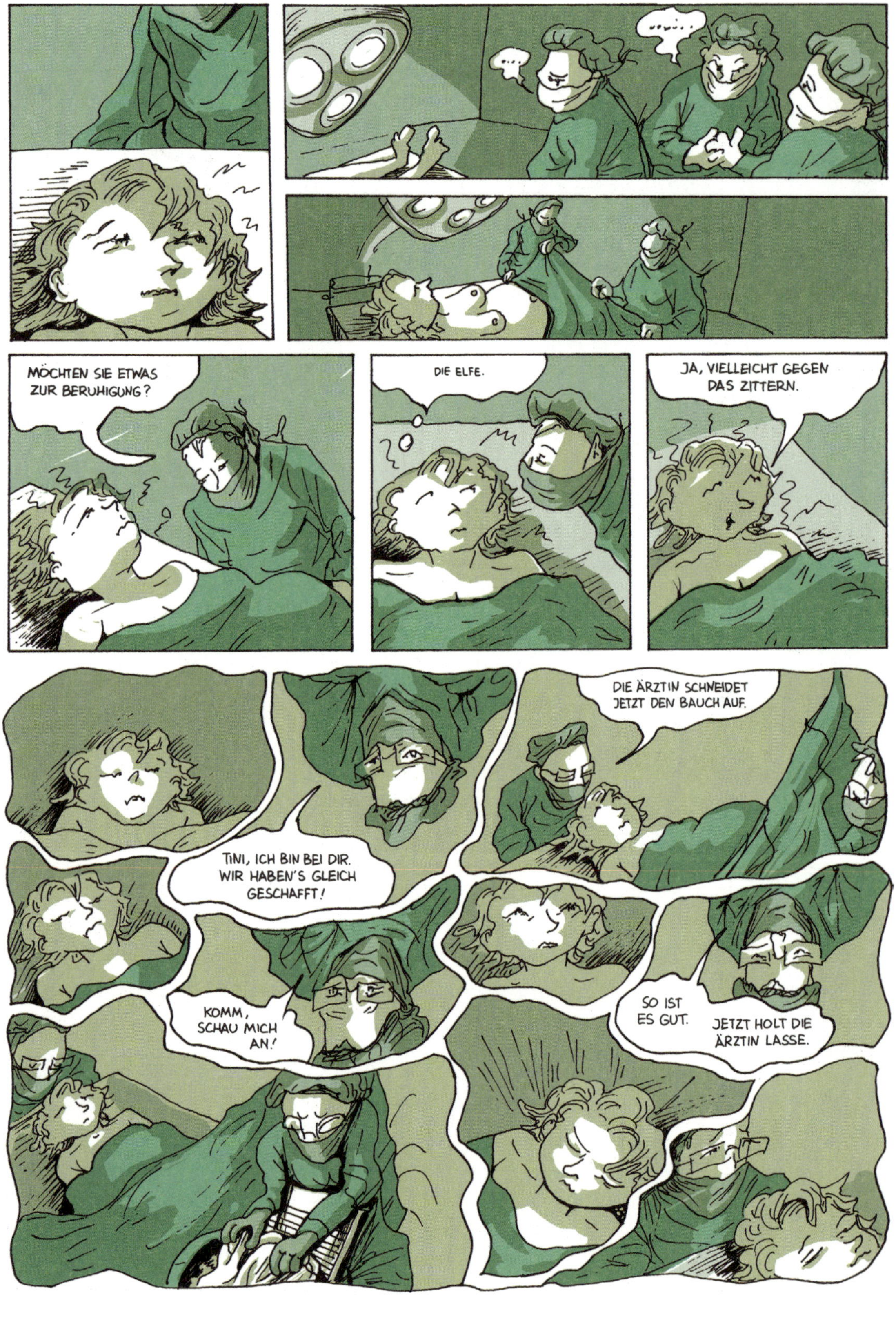

MIST, ICH HAB MICH VERMESSEN, JETZT MUSS ICH ES ANDERS MACHEN.

ICH HAB MICH SCHON GEWUNDERT, DASS DU NICHT WIE SONST MIT EINER SKIZZE IN DEN BAUMARKT GEWACKELT BIST.

ICH BIN HALT AUCH ZIEMLICH DURCHEINANDER!

SIEHST DU, SO HOCH WIRD DIE URNE.

UND DANN KÖNNEN WIR SPIELSACHEN UND BÜCHER UND ZEICHNUNGEN DRAUFLEGEN.

WIE, AUF DIE KISTE?

NEIN, IN DIE KISTE, AUF DEN BEHÄLTER, IN DEM SICH LASSES ASCHE BEFINDET.

DA KANNST DU DANN AUCH LASSES KUSCHELTIER REINLEGEN, DAS DU FÜR IHN VERSCHMUDDELT HAST.

TINI WINI, WAS MACHST DU DA?

ICH DURCHTRÄNKE LASSES KUSCHELTIER MIT MEINEN PHEROMONEN.

Kapitel 2

ES HEISST, DIE ZEIT HEILT ALLE WUNDEN. ABER WAS, WENN SIE STILL STEHT?

MIT EINEM GEFÜHL DER RESIGNATION BETRACHTET TINI WINI DIE FURCHEN IHRER HÄNDE..

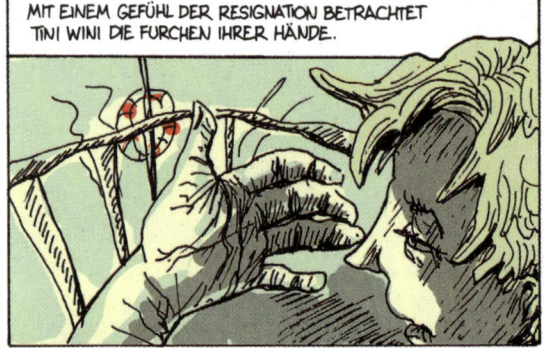

UND ALS GLAUBTE SIE, DARIN IRGENDWELCHE ZEICHEN LESEN ZU KÖNNEN, FRAGTE SIE SICH...

...WANN DIESER MOMENT GEKOMMEN WAR, IN DEM SICH DIE SCHLEUSEN IHRES LEBENS ENDGÜLTIG GESCHLOSSEN HATTEN...

...UND OB ES ETWAS AN IHREN ENTSCHEIDUNGEN UND HANDLUNGEN GEÄNDERT HÄTTE, WENN SIE DIESEN POINT OF NO RETURN BESSER IM AUGE BEHALTEN HÄTTE.

VERMUTLICH NICHT!

DENN DAS EINZIGE, WAS DIE MENSCHEN DAVON ABHÄLT ZU LEBEN, IST DIE UNFÄHIGKEIT ZU VERGESSEN...

...ZU VERDRÄNGEN, DASS SIE EINES TAGES FESTGESCHNURRT VON IHRER SANDIGEN EXISTENZ, IHREN TRÄUMEN UND SEHNSÜCHTEN WIE UNTER SCHRECKLICHER FOLTER AUSGESETZT, AUF DEN STUMPF IHRES LEBENS ZURÜCKBLICKEN.

DIESE STÜCKWEISE PREISGABE EINES KOMPROMISSBESCHISSES...

...DEN SIE IN ANBETRACHT DER JAHRE, DIE NOCH VOR IHNEN LIEGEN, GROSSKOTZIG EINGEGANGEN SIND.

...HOLT SIE ZURÜCK IN DIE NISCHE DER DEMUT UND VERLETZLICHKEIT...

...IN DER SIE ZITTERND VOR ANGST IHREM EIGENEN VERSCHWINDEN ENTGEGENBEBEN.

TINI WINI WEISS NOCH NICHT, OB SIE SO LANGE WARTEN WILL...

...OB SIE ES ZULASSEN WIRD, IN DIE SCHRECKENS-KAMMER DES ALTERS GEWORFEN ZU WERDEN.

IN EINEM ELEND ENGEN LOCH ZU HOCKEN UND ZUSEHEN ZU MÜSSEN...

...WIE DER MUT LANGSAM SCHWINDET.

ANGESICHTS DER LUNTE, DIE AM EIGENEN KÖRPER BRENNT.

AN EINEM ENDE KNABBERT DIE ANGST, AM ANDEREN DIE ERINNERUNG.

KNACK

Kapitel 3

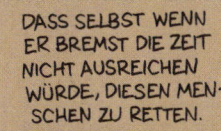

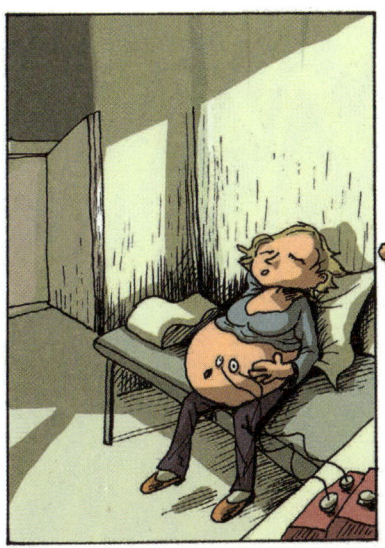

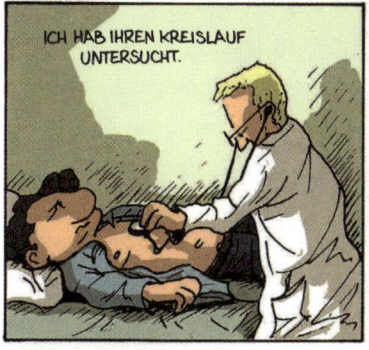

Kapitel 4

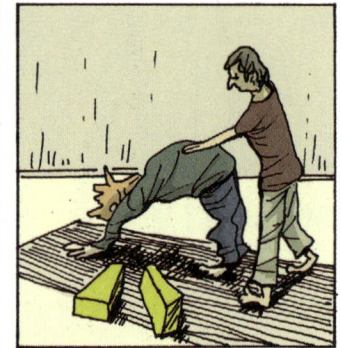

Nachwort
Dr. Wiebke Baller

Memento

Vor meinem eignen Tod ist mir nicht bang,
Nur vor dem Tode derer, die mir nah sind.
Wie soll ich leben, wenn sie nicht mehr da sind?

Allein im Nebel tast ich todentlang
Und laß mich willig in das Dunkel treiben.
Das Gehen schmerzt nicht halb so wie das Bleiben.

Der weiß es wohl, dem gleiches widerfuhr;
– Und die es trugen, mögen mir vergeben.
Bedenkt: den eignen Tod, den stirbt man nur,
Doch mit dem Tod der andern muß man leben.

Mascha Kaléko (geschrieben nach dem Tod ihres Sohnes
und ihres Ehemannes)

»Im Sommer letzten Jahres haben wir unseren kleinen Sohn bei der Geburt verloren. [...] Anfangs hatten wir das Gefühl, wir könnten es ohne professionelle Hilfe schaffen, diesen grausamen Verlust zu verarbeiten. Wir haben eine starke Beziehung, einen offenen Draht zueinander, und unsere Freunde geben uns viel Halt. Unsere Familien hat das Ereignis völlig überfordert, meine sogar so sehr, dass der Kontakt abgebrochen ist. Das hat mich zusätzlich in Schieflage gebracht. Inzwischen geht mir ein wenig die Puste aus und ich brauche Hilfe.« (Anna)

»Nachdem ich im letzten Jahr zwei Fehlgeburten hatte, freuten wir uns, dass wir wieder einen positiven Schwangerschaftstest in den Händen halten konnten. [...] Für mich war die Schwangerschaft körperlich sehr anstrengend. Dem Kleinen ging es allerdings sehr gut. In der 37. SSW merkte ich, dass ich das Baby nicht mehr so richtig spüre. [...] Kurze Zeit später ging alles Schlag auf Schlag: Es wurde aufgrund auffälliger Herztöne per Notkaiserschnitt geholt. [...] Gegen Mittag kam der behandelnde Oberarzt zu uns und erklärte uns, dass die Schäden im Gehirn zu groß seien. [...] Wir würden nun die Möglichkeit haben, ihn in den Armen zu halten [...] und ihn beim Sterben zu begleiten. [...] Letztendlich schenkte er uns ganze drei Tage. Drei Tage des Kennenlernens, voller Liebe, drei Tage als richtige Familie, und gleichzeitig drei Tage des Abschieds, voller Trauer und Verzweiflung. Ganz friedlich ist er in meinen Armen [...] am Morgen des Samstags nach seiner Geburt eingeschlafen.« (Jona)

»An Weihnachten wurde unsere Tochter in der 29. SSW per Notkaiserschnitt geholt, nachdem ich mit unendlichen Schmerzen ins Krankenhaus kam. Ich hatte eine Uterustorsion, eine Drehung der Gebärmutter. [...] Die Ärzte konnten mit sehr viel Geschick mein Leben retten. Meine Tochter [...] starb in unseren Armen, nachdem die Geräte abgeschaltet waren. Das Ganze ist so groß, dass wir es kaum fassen können. [...] Mir geht es sehr, sehr schlecht. Uns beiden geht es schlecht, aber meine Tage sind gerade so dunkel. [...] ich weiss, ich schaffe es nicht ohne Hilfe. Wir brauchen Hilfe. [...] Ich habe Angst, wie die Zukunft laufen soll. Wir hatten uns so sehr auf unsere Tochter gefreut.« (Greta)

Als Psychiaterin und Traumatherapeutin mit dem Schwerpunkt Krisen rund um die Geburt erhalte ich viele solcher und ähnlicher E-Mails. Hinter jeder dieser Mails steht eine emotionale Katastrophe: der Tod eines Babys, der Tod des eigenen Kindes. Und vor all diesen Menschen liegt ein schwerer Weg voller Trauer, Verzweiflung, Wut, Ohnmacht und oft auch zunehmender Einsamkeit. Auf diesem Weg lernte ich auch Tina Brenneisen kennen.

Traumatisierungen dieser Art werden in ihrer Bedeutung bis heute unterschätzt, die posttraumatische Belastungsstörung, die oft folgt, wird nicht als psychische Erkrankung erkannt. Nicht nur das Thema Kindstod wird in unserer Gesellschaft tabuisiert, auch was die Trauerarbeit angeht, neigen Betroffene oft zur Bagatellisierung.

Nach dem ersten Schock und Schmerz in der akuten Situation folgt bei verwaisten Eltern Fassungslosigkeit. Darüber, was ihnen passiert ist und dass sich die Welt einfach so weiterdreht, dass das Leben weitergeht, als ob nichts passiert wäre. Freunde und Familie wenden sich ihrem Alltag mit ihren Alltagssorgen zu, während das eigene Leben in Scherben liegt. Traumatisierte Menschen spüren, dass ihr bisheriges Leben so nicht mehr existiert, dass ihre Wünsche und Bedürfnisse nicht mehr zählen und sie für sich eine neue Rolle in dieser Gesellschaft finden müssen. Eine Lebensphase voller Zuversicht und Urvertrauen ist vorbei. Es gibt eine neue Zeitrechnung: das Davor und das Danach.

Viele verwaiste Mütter entwickeln in dieser Zeit einen Zustand der seelischen Erschöpfung bis hin zur posttraumatischen Belastungsstörung. Aber nur wenige dieser Frauen suchen sich professionelle Hilfe, aus Scham und Angst vor gesellschaftlicher Stigmatisierung.

Tina Brenneisen zeigt in diesem Buch die Hoffnungslosigkeit der Betroffenen und die Überforderung der Umgebung. Mit ihren Bildern schafft sie es, die komplexe Welt des Traumas mit all seinen Konsequenzen und Facetten anschaulich darzustellen und den Verlust mit seinen Folgen ein Stück erfahrbar zu machen. Sie macht den Betroffenen Mut, sich Hilfe zu holen, und vermittelt Angehörigen eine Vorstellung davon, wie wichtig es ist, präsent zu bleiben, feinfühlig mit verwaisten Eltern umzugehen und ihnen Zeit zu lassen.

In diesem Buch erzählt sie ihre eigene Geschichte. Dennoch steht diese Geschichte stellvertretend für die vieler anderer Frauen, die ich in den vergangenen 15 Jahren kennengelernt und begleitet habe. Dieses Buch wird ein fester Bestandteil meiner Praxis werden – vielen Dank dafür.

Engelskinder Angebote für verwaiste Eltern

Deutschland

Anlaufstellen:

Bundesverband Verwaiste Eltern und trauernde Geschwister in Deutschland e.V.
+49 (0)341 946 88 84
kontakt@veid.de
veid.de

Gesprächsgruppen im ganzen Bundesgebiet, Angebote von Trauerseminaren für Eltern und Geschwister

Initiative REGENBOGEN
»Glücklose Schwangerschaft« e.V.
Martina Severitt
Hillebachstraße 20
37632 Eimen
+49 (0)5565 911 91 13
HGST@initiative-regenbogen.de
initiative-regenbogen.de

Gesprächsgruppen im ganzen Bundesgebiet

Begleitung:

Hope's Angel
Kamillenweg 22
53757 Sankt Augustin
+49 (0)22 41 905 0000
birgit@hopesangel.com
hopesangel.com

Hilfe und Unterstützung für Familien und Fachkräfte bei Fehlgeburt, stiller Geburt, Schwangerschaftsabbruch und Neugeborenentod

Deutscher Hebammenverband
Geschäftsstelle
Gartenstraße 26
76133 Karlsruhe
+49 (0)721 98189 0
info@hebammenverband.de
hebammenverband.de/familie/hebammenhilfe

Hebammensuche – Begleitung durch eine Hebamme

TABEA e.V.
Gierkeplatz 2
(Postanschrift: Gierkeplatz 4)
10585 Berlin-Charlottenburg
+49 (0)30 495 57 47
team@tabea-ev.de
tabea-ev.de

Begleitung im Bereich Sterbe- & Trauerbegleitung, mit Arbeitsschwerpunkt auf Trauerbegleitung von Kindern, Jugendlichen und deren Familien

Selbsthilfegruppen:

Trauernde Eltern & Kinder Rhein-Main e.V.
Carl-Zeiss-Straße 32
55129 Mainz
+49 (0)6131 617 26 58
eltern-kinder-trauer.de

Der Verein bietet Hilfe von qualifizierten Trauerbegleiter*innen oder Kontakt zu anderen trauernden Eltern

Trauergruppe.de
info@trauerhilfeseiten.de
trauergruppe.de

Deutsches Verzeichnis für Trauergruppen und Trauercafés

Österreich

Begleitung:

Verein Pusteblume
Volksgartenstrasse 13
4600 Wels
+43 (0)650 4789 578
info@verein-pusteblume.at
verein-pusteblume.at

Widmet sich österreichweit der Förderung der professionellen Beratung und Begleitung bei Fehlgeburt und perinatalem Kindstod

Österreichisches Hebammengremium (ÖHG)
hebammen.at

Hebammensuche –
Begleitung durch eine Hebamme

Selbsthilfegruppen:

Verein Regenbogen
SHG Regenbogen Wien
Antonsplatz 26/4
1100 Wien
+43 (0)676 642 86 92
info@shg-regenbogen.at
shg-regenbogen.at

Verein von betroffenen Eltern, die Selbsthilfegruppentreffen organisieren und Öffentlichkeitsarbeit betreiben

Trauernde Eltern
kontakt@trauernde-eltern-wien.at
trauernde-eltern-wien.at

Selbsthilfegruppe in Wien und Umgebung

Schweiz

Anlaufstelle:

kindsverlust.ch
Belpstrasse 24
3007 Bern
+41 (0)31 333 33 60
fachstelle@kindsverlust.ch
kindsverlust.ch

Fachstelle Kindsverlust während Schwangerschaft, Geburt und erster Lebenszeit

Begleitung:

Schweizerischer Hebammenverband
Rosenweg 25c
3007 Bern
+41 (0)31 332 63 40
info@hebamme.ch
hebamme.ch

Hebammensuche –
Begleitung durch eine Hebamme

Mein Sternenkind
mein-sternenkind.ch

Begleitwebseite –
Ratschläge für Betroffene

Selbsthilfegruppe:

Verein Regenbogen Schweiz
Postfach
3297 Leuzigen
+41 (0)79 489 22 98
info@verein-regenbogen.ch
verein-regenbogen.ch

Selbsthilfevereinigung von Eltern, die um ihr verstorbenes Kind trauern